Inhalt

Strategieberater - Neue Strategien sind gefordert

Kernthesen

Beitrag

Fallbeispiele

Weiterführende Literatur

Impressum

GENIOS WirtschaftsWissen Nr. 08/2010 vom 31.08.2010

Strategieberater - Neue Strategien sind gefordert

M.Dengl

Kernthesen

- Laut dem Bundesverband Deutscher Unternehmensberater (BDU) sanken die Gewinne der Berater 2009 um 3,1 Prozent, Branchenkenner gehen aber sogar von bis zu minus zehn Prozent aus.
- Die Beratungsbranche befindet sich insgesamt aufgrund sinkender Preise, dem Zwang zu Internationalisierung und neuer Wettbewerber im Umbruch.
- Bei den Branchenführern ist eine Verschiebung der Auftragsinhalte von der lukrativen Strategieberatung in operative

Bereiche und eine damit einhergehenden Reduzierung der Berater-Umsätze festzustellen.
- Im Geschäft mit Übernahmen und in neuen Märkten wird nun wieder Potential gesehen.

Beitrag

Gewinnwarnung für Berater

Laut einer Hochrechnung des Bundesverbandes Deutscher Unternehmensberater (BDU) lag im letzten Jahr der Branchenumsatz der Unternehmensberater bei 17,6 Milliarden Euro. Im Vergleich zum Rekordjahr 2008 sanken die Gewinne um 3,1 Prozent. An der Befragung haben aber nur ein Drittel der 60 umsatzstärksten Beratungsunternehmen teilgenommen. Branchenkenner gehen davon aus, dass der Gewinneinbruch wesentlich höher, bei mindestens 10 Prozent liegt. (5)

Branche im Umbruch

Die Beratungsbranche befindet sich insgesamt im Umbruch: sinkende Preise, der Zwang zu mehr

Internationalisierung, neue Wettbewerber. Der Konkurrenzkampf ist groß.
Dabei zeichnete sich der Niedergang schon länger ab. Seit der Wachstumsphase der neunziger Jahre, befinden sich die Zuwachsraten in der Branche im einstelligen Bereich. Gleichzeitig steigen die Ansprüche der Kunden und der Nutzen von Beratern wird im Nachklang der Wirtschafts- und Finanzkrise immer häufiger in Frage gestellt. Beraterideen müssen inzwischen auch mal den Praxistest bestehen und das zu wesentlich geringeren Honoraren. Selbst Topberatungen wie McKinsey oder Boston Consulting können kaum noch Tagessätze von 5 000 Euro verlangen, realistischer sind derzeit 2 500 Euro. (1), (2)

Gleichzeitig hat sich nicht erst mit Beginn der Wirtschaftskrise die Struktur der Beratungsaufträge verändert, was zumindest teilweise auch mit der Tatsache zu erklären ist, dass Berater für die Führungsetagen gezielt abgeworben wurden. Strategiethemen werden inzwischen immer weniger nachgefragt, wogegen operative und/oder sogenannte Business-Excellence-Projekte zunehmen, also Projekte zur messbaren, qualitativen Optimierung von Unternehmensvorgängen wie etwa bei der Umstellung auf neue IT-Systeme oder beim Lieferkettenmanagement.
Immer mehr elitäre Strategieberater wie McKinsey,

Boston Consulting, Roland Berger und Co. begeben sich daher in die Niederungen des praktisch-operativen Geschäfts. In manchen großen Beratungshäusern machen solche Aufträge mittlerweile schon zwei Drittel des Geschäfts aus. Die Verschiebung der Auftragsinhalte in operative Bereiche und die damit einhergehenden Reduzierung der Berater-Umsätze hat für die gesamte Branche weitreichende Folgen. Kleinere Spezialisten leiden immer mehr unter dem Verdrängungswettbewerb der großen Allrounder, aber auch die großen Beratungsgesellschaften konkurrieren hier inzwischen vermehrt mit Dumpingpreisen untereinander.
Darüber hinaus steigt der Konkurrenzdruck auch noch von anderer Seite.
Wirtschaftsprüfungsgesellschaften wie PricewaterhouseCoopers (PwC) oder Ernst & Young übernehmen inzwischen ebenfalls vermehrt Consultingaufgaben, oft zu wesentlich geringeren Preisen. (3), (6)

Neue Strategien gefragt

Den Beratungen bleibt nichts anderes übrig, als sich den neuen Herausforderungen zu stellen und sie sehen hier unterschiedliche Strategien.

Einige große Berater setzen vermehrt auf Internationalisierung, um die Gewinne zu erhalten. Roland Berger Strategy Consultants möchte beispielsweise sein Asien-Geschäft erweitern, McKinsey hingegen setzt auf neue Büros in Afrika.

Nicht nur um international erfolgreich zu sein, bedarf es einer gewissen Größe. Nicht alle Beratungen fühlen sich dem derzeit gewachsen und wählen hier lieber den Weg des Zusammenschlusses. So gibt es bereits Sondierungsgespräche zwischen Booz und A. T. Kearney. Die Gemeinschaftsfirma brächte es auf 1,8 Milliarden Dollar Umsatz. (1), (2)

Andere Berater wie BCG setzen erst mal auf den vergleichsweise noch wenig erschlossenen öffentlichen Sektor, um neue Aufträge zu gewinnen.

Roland Berger, der Altmeister der deutschen Beraterszene sieht noch Nachholbedarf beim Innovations- und Technologiemanagement und bei Konzepten zur Steigerung der Personalproduktivität. In Zukunft wird es seiner Ansicht nach auch häufiger eine Verbindung von Beratung und Finanzierungskonzepten geben müssen. (6)

Die Unternehmensberatungen McKinsey und PwC rechnen zudem wieder mit mehr Übernahmen bei den Unternehmen und daraus resultierend auch wieder mit vermehrtem Bedarf an Strategieberatung. Grund hierfür ist eine McKinsey-Umfrage von dreißig deutschen Großkonzernen, die wohl in den nächsten zwei Jahren, wieder mit mehr Übernahmen planen. Es wurden 20 Konzerne aus Dax und MDax und zehn nicht börsennotierte Unternehmen befragt. PricewaterhouseCoopers (PwC) wird noch spezifischer und sagt eine Belebung dieses Gebietes speziell in der Chemiebranche voraus. (3), (4)

Trends

Berater müssen an ihrer Arbeitgeberattraktivität arbeiten

Die operative Feldarbeit bei den Kunden erledigten bisher vor allem Juniorberater. Hochschulabsolventen mit Prädikatsexamen, die mit vergleichsweise hohen Einstiegsgehältern und mit schnellen Karrieremöglichkeiten geködert wurden. Wer sich bewährt hat, hatte die Chance, zum Partner aufzusteigen. Bis Mitte der Neunzigerjahre funktionierte das System, weil die Unternehmen im Zuge der Globalisierung neue Strategieprojekte starteten, die die Partner dann coachten und weil es genügend schlechter bezahlte Umsetzungsprojekte für die Juniorberater gab. Nun stottert aber der

Nachschub an geeigneten Projekten und das Geschäftsmodell der Partnerschaften gerät immer mehr ins Wanken. Mittelfristig müssen wohl viele Beratungshäuser, ihre Beratertruppen aufteilen in eine kleine, elitäre Gruppe mit Partnerstatus einerseits und eine wesentlich größere Gruppe mit "Fußvolk", die sich mit einem zwar gut dotierten, aber eben doch nur Angestellten-Vertrag zufriedengeben müssen, worunter die Attraktivität der Beratungsunternehmen als potentieller Arbeitgeber natürlich leidet. (6)

Fallbeispiele

McKinsey stellt weniger ein

Die strategische Unternehmensberatung McKinsey ist wie eine Pyramide organisiert. Auf der untersten Ebene die einfachen Berater, die das Geschäft tragen (deutschlandweit derzeit 1 200), dann folgen 150 Partner, inklusive 55 Direktoren an der Spitze. Alle Berater werden regelmäßig intern bewertet. Die Bezahlung besteht aus einem Grundgehalt (Structural Award) und einen Bonus (Additional Award), der vom Firmenerfolg abhängt. Partner erhalten je nach Betriebszugehörigkeit 400 000 Euro bis 900 000 Euro Grundgehalt, Direktoren manchmal mehrere Millionen. Die Fluktuationsrate beträgt im Schnitt 20 Prozent, dabei verlassen jedes Jahr ca. 200 die Beratung. Es wurden aber zuletzt nur 170 neue Mitarbeiter eingestellt. Dies spricht nicht für Wachstum in der Branche. (7)

Roland Berger zieht sich zurück

Der Unternehmensgründer Roland Berger tritt als Aufsichtsratschef zurück und erhält zukünftig den Titel des Ehrenvorsitzenden des Aufsichtsrats - ein Posten mit repräsentativem Charakter. Weiterhin wird der Vorstandsvorsitzende Burkhard Schwenker künftig den Aufsichtsratsvorsitz der Beratung übernehmen. Der bisherige Finanzvorstand Martin Wittig wird neuer Vorstandschef.
Roland Berger hatte die Beratung 1967 in München gegründet. Die Strategieberatung mit weltweit rund 2 000 Mitarbeitern, erwirtschaftete letztes Jahr einen Umsatz von rund 615 Millionen Euro. (8)

Deloitte bläst zum Angriff

Der Deutschlandchef von Deloitte möchte sein Ziel zu den großen Konkurrenten Ernst & Young, KPMG und PWC aufzuschließen, so schnell wie möglich erreichen. Dazu beisteuern soll ein Mandat der

Deutschen Telekom, welches gerade neu ausgeschrieben wird. Hilfreich wäre auch ein Prüfungsmandat bei einer Großbank. Weiterhin möchte er das Beratungsgeschäft gezielt ausbauen. (9)

Weiterführende Literatur

(1) Primus unter pari
aus Manager Magazin, 01.09.1994, Nr. 9, Seite 32

(2) Consultants of Swing
aus Manager Magazin, 25.06.2010, Nr. 7, Seite 8

(3) McKinsey und PwC rechnen mit vielen Übernahmen Optimistische Berater - Der Jahresbeginn verlief schleppend, doch nun gibt es Anzeichen für eine Besserung. McKinsey und PricewaterhouseCoopers schätzen den Markt für Übernahmen und Fusionen hoffnungsvoll ein.
aus ftd.de.

(4) Konzerne trauen sich wieder Zukäufe zu McKinsey: Kapitalmarkt goutiert Transaktionen - Doch in der Durchführung hapert es in den Unternehmen
aus Börsen-Zeitung, 21.05.2010, Nummer 96, Seite 9

(5) SCHRUMPFENDE ERLÖSE
aus Stuttgarter Zeitung, 17.07.2010, S. 14

(6) Entzauberte Ratgeber
aus WirtschaftsWoche NR. 030 VOM 26.07.2010 SEITE 052

(7) Das Modell McKinsey
aus Manager Magazin, 23.07.2010, Nr. 8, Seite 33

(8) Schmerzvolle Emanzipation Mit dem Rückzug des Gründers Roland Berger vom Aufsichtsratsvorsitz beginnt für die Unternehmensberatung eine neue Ära. Die neuen mächtigen Männer sind Burkhard Schwenker und Martin Wittig
aus Financial Times Deutschland vom 07.06.2010, Seite 2

(9) Deutschland-Chef von Deloitte startet Aufholjagd
aus Handelsblatt Nr. 125 vom 02.07.2010 Seite 62

Impressum

Strategieberater - Neue Strategien sind gefordert

Bibliografische Information der deutschen Nationalbibliothek

Die Deutsche Nationalbibliothek verzeichnet diese Publikation in der deutschen Nationalbibliografie; detaillierte bibliografische Daten sind im Internet über http://dnb.d-nb.de abrufbar.

ISBN: 978-3-7379-1266-2

© 2015 GBI-Genios Deutsche Wirtschaftsdatenbank GmbH, Freischützstraße 96, 81927 München, www.genios.de

Alle Rechte vorbehalten. Dieses Werk ist einschließlich aller seiner Teile – z.B. Texte, Tabellen und Grafiken - urheberrechtlich geschützt. Jede Verwertung außerhalb der Grenzen des Urheberrechtsgesetzes bedarf der vorherigen Zustimmung des Verlags. Dies gilt insbesondere auch für auszugsweise Nachdrucke, fotomechanische Vervielfältigungen (Fotokopie/Mikroskopie), Übersetzungen, Auswertungen durch Datenbanken oder ähnliche Einrichtungen und die Einspeicherung und Verarbeitung in elektronischen Systemen.